Inhalt

Factory Outlet Center (FOC) - Die Diskussion geht weiter

Kernthesen

Beitrag

Fallbeispiele

Weiterführende Literatur

Impressum

GENIOS WirtschaftsWissen Nr. 06/2002 vom 18.06.2002

Factory Outlet Center (FOC) - Die Diskussion geht weiter

E.Krug

Kernthesen

- Der Begriff Factory Outlet Center ist zur Zeit wieder im Gespräch. Ein Jahr nach Eröffnung des umstrittenen DOZ (Designer Outlet Zweibrücken) wird die erste Bilanz gezogen, im Fall des FOC Ingolstadt wurde der Bebauungsplan bewilligt. (1), (2)
- Vor allem in der Sportartikel-Branche sind die Outlets zur Zeit erneut in den Mittelpunkt intensiver Diskussionen gerückt, da einige Hersteller maßgeblich planen, ihre Ware in diversen FOCs direkt an den Endverbraucher zu verkaufen. (3)

- Trotz neuer Erkenntnisse haben sich die Streit- und Kritikpunkte seit Beginn der Diskussionen kaum verändert. Die Bereitschaft zur Kooperation steigt allerdings.

Beitrag

FOC in Deutschland - aktuelle Situation

Das Thema FOC scheint mittlerweile schon zum "alten Eisen" zu gehören, dennoch ist es zur Zeit wieder höchst aktuell, da die Eröffnungen der ersten deutschen Center ein bis zwei Jahre zurückliegen und mittlerweile einige aussagekräftige Rückmeldungen vorhanden sind.

Wustermark

Nach fast zwei Jahren hat das Factory Outlet B5 in Wustermark bei Berlin (Eröffnung: Mai 2000) keine besonders erfreuliche Bilanz zu bieten. Immer noch gibt es freie Flächen im Center und die Frequenz hat die Erwartungen der Investoren lange nicht erfüllt.

Inzwischen hat die britische Hammerson plc. (London) das B5 übernommen mit dem Ziel, zuerst einmal die Leerstände zu beseitigen. Während das FOC B5 damit bereits einen neuen Eigentümer hat, erfreut sich dagegen das DOZ ein Jahr nach der Eröffnung positiver Resonanzen. (1), (4)

Zweibrücken

Das DOZ in Zweibrücken zeigt schon nach dem ersten Jahr deutlich positive Resultate. Nicht nur die Betreiber sind zufrieden, auch die lokalen Einzelhandelsverbände zeigen sich versöhnlich. Die Befürchtung einer direkten Konkurrenz zwischen DOZ und innerstädtischen Händlern haben sich als unbegründet erwiesen. Die Umsätze in der Stadt sind zwar leicht rückläufig, was aber offensichtlich nicht auf das Outlet zurückzuführen ist, sondern vielmehr dem Bundestrend entspricht.

Mittlerweile existiert sogar eine sehr sinnvolle Art der Kooperation zwischen der Stadt und dem Center. Im DOZ gibt es Hinweise und Informationen, die die Aktivitäten in der Innenstadt betreffen und die Stadt Zweibrücken hat ein Touristikbüro im Outlet eingerichtet.

Eine aktuelle Studie im Auftrag des rheinland-pfälzischen Wirtschaftsministeriums weist unter anderem als Ergebnis aus, dass das DOZ auch keine negativen Konsequenzen für weiter entfernte Mittelzentren hat. Das liegt sicherlich nicht zuletzt an der "höheren Fern- als Nahwirkung", denn fast die Hälfte der Kunden kommt aus dem Umkreis von mindestens 100 km.

Dennoch sollte trotz der momentanen "Zufriedenheit" auf allen Seiten, diese erste Bilanz nur als Zwischenergebnis betrachtet werden, da das DOZ seine Enddimension noch nicht erreicht hat, für die die Prognosen vor der Eröffnung gestellt wurden. (1)

Ingolstadt

Im Gegensatz zu den versöhnlich gestimmten Einzelhändlern in Zweibrücken lassen die Händler in Ingolstadt nicht locker. Obwohl der Stadtrat den Bebauungsplan im Gewerbepark Nordost gebilligt hat, bleibt der Widerstand gegen das geplante FOC - Projekt (knapp 10000 qm) weiterhin bestehen. Der lokale Einzelhandelsverband will vor dem Verwaltungsgericht in München klagen. (2)

Tatsache ist, dass aufgrund der Verfassungslage in Deutschland neue Handelsformen nicht verboten, sondern nur begrenzt und gesteuert werden können, wie es bei großflächigen Einzelhandelsprojekten über 750 qm seit Jahren der Fall ist. (5)

In Bayern sollten solche Großprojekte in städtebaulich integrierter Lage angesiedelt werden und der Innenstadt sollten mindestens 85% der Kaufkraft erhalten bleiben um einer Wiederbelebung der Innenstädte nicht entgegenzuwirken. (5), (6)

Das FOC in Ingolstadt, das, für Outlet Center charakteristisch, auf der "grünen Wiese" angesiedelt werden soll, bildet hier gleich die erste Ausnahme in Bayern. Die Kritiker hegen jetzt die Vermutung, dass es bei dieser "einen Ausnahme" nicht bleiben wird. (5), (6)

FOC - Situation einzelner Branchen

Die Diskussion über Factory Outlet Center ist bei den Bebauungsplänen und Bauvorhaben, sprich bei den Projekten an sich, noch lange nicht zu Ende. Von Anfang an war das Thema FOC Streitpunkt innerhalb einzelner Branchen und bietet ständig Anlass für neue Ärgernisse. (7)

Momentan trifft das vor allem auf die Sportartikel-Branche zu. Adidas zeigt verstärkt Bemühungen, seine Produkte in eigener Regie in Outlets (Zweibrücken, Bremen) direkt an den Endverbraucher zu verkaufen. Nike ist bereits in 5 Einkaufszentren präsent, was zur Folge hat, dass mehrere kleine Intersport-Fachhändler die Marke nicht mehr führen. Die Händler sind verunsichert und verärgert. Sie tragen dazu bei, den Markenwert aufzubauen und der Hersteller verkauft die Marke dann im Endeffekt unter Wert. (3), (7)

Der Modefachhandel hat mit diesen Problemen vor allem in umsatzschwachen Zeiten zu kämpfen. Der Fabrikverkauf vor Ort von alter oder fehlerhafter Ware ist nicht das Problem, auch hier wird die Situation erst kritisch, wenn der Lieferant in die Offensive geht und durch Verkauf im Factory Outlet Center zur direkten Konkurrenz für den Handel wird. (7)

FOC - allgemeine Probleme und Kompromisslösungen

In der direkten Konkurrenz liegt die größte

Problematik für den Einzelhandel. Als Konkurrent fürchtet der Handel den Hersteller, wenn dieser
- aktuelle Ware billiger anbietet, statt Restposten, Auslaufmodelle und Ware zweiter Wahl
- dem Kunden Service- und Beratungsleistung bietet
- Werbung in "fachhandels-typischer Weise" betreibt. (3), (7)
Die negativen Auswirkungen auf den Fachhandel liegen für den Händler auf der Hand:
- direkte Umsatzabschöpfung zu Lasten des Handels
- die Preisgestaltung des Fachhandels und das normale VK-Preisniveau des Herstellers verliert in den Augen der Kunden an Glaubwürdigkeit (7)

Ein weiteres Problem geht über die Streitpunkte zwischen Handel und Industrie hinaus. Nach wie vor befürchten Kritiker durch die Randlagen der Center in Autobahnnähe ein örtlich erheblich höheres Verkehrsaufkommen. Das wiederum könnte eine Erhöhung volkswirtschaftlicher Kosten verursachen. Ganz zu schweigen von der Befürchtung, dass die Innenstädte bei Kaufkraftminderung in ihrer heutigen Form nicht überleben können. (5)

Dem allerdings widerspricht z. B. besagte Kooperation zwischen den Städten und dem DOZ. Durch gegenseitige Propaganda hat die Innenstadt von Zweibrücken eine deutliche Belebung erfahren. (1)

Auch zwischen Händlern und Herstellern könnten Kompromisse zur Entspannung der Situation führen. In der Sportartikelbranche hofft man auf einen Konsens durch Anpassung von Angebot und Nachfrage und einer besseren Abstimmung der Angebotsmengen. (3), (8)

Fallbeispiele

Erste Ergebnisse nach einem Jahr DOZ:
- knapp 1,1 Mio. Besucher (die Erwartung lag bei 1,0 bis 1,5 Mio.)
- die Durchschnittsausgaben pro Kunde sind kontinuierlich gestiegen
- die Flächenproduktivität von 3.000 - 4.000 Euro pro qm liegt im Rahmen der Planung (1)

Geplanter Ausbau des DOZ:
- bis Februar 2003 Ausbau für ca. 23 Mio. Euro
- Vergrößerung von 53 auf 80 Verkaufsshops
- Vergrößerung der Fläche von 15.000 qm auf 21.000qm
- Erweiterung des Angebots um z. B. Tischkultur, Heimtextilien, Schuhe, Schmuck und Uhren (1), (10)

Geplantes Factory Outlet in Metzingen von Levi Strauss Germany GmbH:
- Verkauf von Sonderposten, Muster, Überhänge und Ware zweiter Wahl der beiden Marken Dockers und Levi.
- Alter der Waren in Einzelfällen drei Monate, in der Regel mindestens ein halbes Jahr
- Preise zwischen 30 und 50% unter den empfohlenen VK-Preisen (11)

Weiterführende Literatur

(1) Markenmekka als Ausflugsziel
aus Lebensmittel Zeitung 11 vom 15.03.2002 Seite 048

(2) Ingolstadt: Grünes Licht fürs FOC
aus TextilWirtschaft 13 vom 28.03.2002 Seite 054

(3) Auf Abwegen
aus Der Handel Nr.03 vom 06.03.2002 Seite 014

(4) Hammerson übernimmt FOC B 5
aus TextilWirtschaft 12 vom 21.03.2002 Seite 010

(5) Münchner Wirtschaftstafel: Minister Schnappauf zu FOCs. Ingolstadt soll Ausnahme bleiben, Deutsche Handwerks Zeitung, Nr. 4, 2002, S. 5
aus TextilWirtschaft 12 vom 21.03.2002 Seite 010

(6) Landtagsanhörung: Einzelhandelsgroßprojekte in integrierten Standorten, Deutsche Handwerks

Zeitung, Nr. 5, 2002, S. 5
aus TextilWirtschaft 12 vom 21.03.2002 Seite 010

(7) Fabrikverkäufe sind Fachhandels-Konkurrenz!
aus TextilWirtschaft 13 vom 28.03.2002 Seite 026

(8) Ressort: Wirtschaft. "Adidas hat das Vertrauen verletzt". Trübe Aussichten: Sportfachhandel unter Druck, SZ Süddeutsche Zeitung, 04.02.2002, S. 23
aus TextilWirtschaft 13 vom 28.03.2002 Seite 026

(9) Handel rechnet mit Umsatzrückgang
aus Frankfurter Allgemeine Zeitung, 04.02.2002, Nr. 29, S. 15

(10) Outlet-Center Zweibrücken wird ausgebaut
aus Darmstädter Echo, 22.02.2002

(11) Levi Strauss eröffnet Factory Outlet in Metzingen
aus TextilWirtschaft 13 vom 28.03.2002 Seite 011

Impressum

Factory Outlet Center (FOC) - Die Diskussion geht weiter

Bibliografische Information der deutschen Nationalbibliothek

Die Deutsche Nationalbibliothek verzeichnet diese Publikation in der deutschen Nationalbibliografie; detaillierte bibliografische Daten sind im Internet über http://dnb.d-nb.de abrufbar.

ISBN: 978-3-7379-1568-7

© 2015 GBI-Genios Deutsche Wirtschaftsdatenbank GmbH, Freischützstraße 96, 81927 München, www.genios.de

Alle Rechte vorbehalten. Dieses Werk ist einschließlich aller seiner Teile – z.B. Texte, Tabellen und Grafiken - urheberrechtlich geschützt. Jede Verwertung außerhalb der Grenzen des Urheberrechtsgesetzes bedarf der vorherigen Zustimmung des Verlags. Dies gilt insbesondere auch für auszugsweise Nachdrucke, fotomechanische Vervielfältigungen (Fotokopie/Mikroskopie), Übersetzungen, Auswertungen durch Datenbanken oder ähnliche Einrichtungen und die Einspeicherung und Verarbeitung in elektronischen Systemen.